소리 · 넷

지금·여기 챙기기

말한이 활성 | 엮은이 김용호

KB204360

고요한소리

일러두기

이 책은 활성 스님께서 1992년 5월 9일 서울 〈고요한소리〉, 2001년 3월 31일 남원 〈고요한소리〉 역경원에서 하신 말씀을 중심으로 김용호 박사가 엮어 정리하였다.

차 례

어떤 분이 저더러 그럽디다. '스님은 만날 팔정도八正道만 얘기하십니다.' 똑같은 말만 되풀이한다는 말이지요. 제가 다른 것을 얘기할 만한 주변머리가 없습니다. 제 소견으로는 부처님 말씀이 전부 팔정도 얘기 같습니다. 그래서 저도 팔정도를 열심히 이야기한 거지요. 부처님 말씀이 다 팔정도니 제가 어떻게 하겠어요? 감히 다른 것을 지어낼 수도 없는 노릇이고.

여러분이 공부를 하면 할수록 팔정도의 필요성을 느끼실 겁니다. 팔정도에 의지하지 않고 공부하면 '공부 잘 된다.' 싶을 때가 바로 벌써 마장이라. 그러다가 나중에는 엉뚱한 소리 하고, 심한 경우는 정신이 이상해지기도 합니다. 정신은 통일되었는데 길은 모르니까. 이 세상에는 온갖 가능성이 있습니다. 특히 참선해서 정신이 집중된 상태는 온갖 가능성을 다 실현시킬 수 있는 가장 비옥한 토양입니다. 그 토양에다 보리 심으면 보리 나고, 콩 심으면 콩 나고, 벼 심으면 벼 나는 겁니다. 엉뚱한 게 들어가면 엉뚱한 게 납니다. 그런데 우리는 '비옥하면 자연히 성불한다.'라고 합니다. 비옥한 데다 부처 씨를 심으면 부처가 되겠지만 아무거나 심어서는 안 되겠지요. 그래서 법을 잘 알고 실천해야 하는데 그 법을 실천하는 방법에서 가장 잘 정리된 게 팔정도입니다. 팔정도를 알면 사통팔달로 부처님 법이 모두 와 닿습니다. 그래서 부처님이 팔정도를 '고귀한 길*ariya magga*'이라고 하셨습니다.

참선이 아닌 다른 공부도 마찬가지입니다. '복을 짓는다.'든가, '덕을 닦는다.'든가, '인격의 완성을 기한다.' 든가, 모든 공부가 팔정도라는 바른 길을 잃으면 마장이 낍니다. 복 짓기도, 덕 닦기도, 인격의 완성도 결국은 팔정도의 실천입니다. 우리의 모든 실천은 결국 팔정도로 집약됩니다. 팔정도를 더 정확하게 이해하고 구체적으로 실천해나가는 노력, 거기에 모든 것이 담겨 있습니다. 이는 더 말할 필요가 없는 절대적인 명제입니다. 그런 취지에서 오늘은 팔정도의 일곱 번째인 바른 마음챙김, 정념正念에 관해서 말씀 드리겠습니다. 이에 관해서는 제가 '마음을 챙긴다.'는 뜻으로 많은 이야기를 해왔고, 정지·정념 하는 방법은 그동안 〈고요한소리〉 간행물에서도 누누이 강조해왔기에 그 방법에 대해서는 더 얘기하지 않겠습니다. 오늘은 '마음을 챙긴다.'는 것이 실천분상에서 어떤 의미를 갖는지에 대해 좀 더 명확하게 짚고 넘어가고자 합니다. 이에 관해서는 여러 가지 표현이 있지요. '정지正知 정념正念을 한다.', '행주좌와行住坐臥 어묵동정語默動靜에서 자기 내관內觀을 한다.', 앉아서 '이뭣고를 든다.', '염불을 한다.', '수식隨息을 한다.', '호흡을 관한다.' 등등. 이런 것들은 뭘 의미할까요? 이에 대해 꼼꼼히 생각해보는 것은 특히 한국 불자에게 필요합니다. 그냥 으레 그렇게 하는 걸로 아는 데 그치면 거기에 큰 함정이 도사리고 있을 수 있으니까요. 그런 함정은 메우고 건너가야지요. 그래서 오늘은 그 '챙긴다'는 것이 과연 무엇인가를 곱씹어보고자 합니다.

부처님은 이런 말씀을 하셨습니다. '지금·여기', '지금·여기서 깨달음을 얻는다.', 이 '지금·여기서 해탈解脫 열반涅槃을 한다.' '지금·여기'는 불교에서, 특히 근본 불교에서는 가장 많이 나오는 용어중 하나로 아주 중요한 말입니다. 우리의 공부는 지금·여기를 챙기는 일입니다. 지금·여기를 챙기는 것, 그것을 바른 마음챙김, 정념이라고 합니다. 그것이 바로 공부라 할 수 있습니다.

지금

'지금·여기'라는 말은 너무나 쉬운 뜻입니다. 말 그대로입니다. 바로 '지금·여기'입니다.

'지금'은 과거나 미래에 대비되는 개념이지요. 현재라는 뜻입니다. 지금에다 마음을 챙긴다 함은 말 그대로 과거나 미래에 정신을 빼앗기지 않음입니다. 과거나 미래는 둘 다 뭔가? 사실상 과거, 미래는 또 하나의 관념 세계입니다. 무엇이 과거입니까. 어제 그저께는 가까운 시간이지만, 실제로는 이미 지나가버린 것입니다. 그래서 과거는 우리에게 기억의 형태로만 존재합니다. 이는 곧 실제로는 존재하지 않는다는 뜻입니다. 즉 리얼real한 것이 아니다, 현실reality이 아니라는 말이지요. 과거는 지나간 것이지요. 지나간 것은 기억으로만 존재하고, 기억은 우리가 겪었던 경험의 어떤 측면에 치우친 관념적 인식입니다. 예를 들면 강렬했던 어떤 부분, 강렬했던 인상이나 느낌, '옳다·그르다.', '좋다·나쁘다.'와 같이 사람이 사물을 강약으로 받아들이는 틀로 가공된 것이 기억입니다.

어떤 사람은 옳고 그른 것을 중심으로 해서 느끼는 경향이 있는가 하면, 어떤 사람은 아름답다 추하다 하는 측면에서 느끼는 경향이 있습니다. 그것은 사람마다 각각 다 다릅니다. 똑같은 하나의 사건을 놓고도 미추美醜를 중심으로 예민하게 받아들이는 사람, 선악善惡을 중심으로 강렬하게 받아들이는 사람, 이로움과 해로움을 중심으로 강력한 인상을 받아서 기억하고 간직하는 사람 등등 다 다릅니다. 이는 그 사람의 '업을 짓는 경향성 혹은 특징'이라 볼 수 있겠지요. 그러다 보니 하나의 사건에 대해 가지고 있는 기억이나 인식도 그 사람의 성향에 따라서 다 다릅니다. '아, 그 사건 참 기분 좋았어.', '나빴어.' 하는 사람도 있고, '참 아름다웠어.', '추했어.' 하는 사람도 있고, '참 이로웠어.', '해로웠어.' 하는 사람도 있습니다. 그러나 공통되는 한 가지는 과거 사건이 어떤 부분의 인식으로만 존재하지 리얼한 모습으로 눈앞에 전개되는 것은 아니라는 점입니다. 즉, 자기의 업상 속에 이미 갈무리되어 관념화된 추억일 뿐입니다. 우리의 과거는 그러한 형태로 존재합니다.

미래는 아직 오지 않은 것입니다. 아직 오지 않았기 때문에 역시 부처님 말씀대로, 실재하는 것이 아닙니다. 실재하지도 않는데, 우리는 미래에 대해서 각기 자기의 성향대로 여러 가지 많은 바람을 가지고 대합니다. 청소년기의 무지갯빛 꿈으로 미래를 대하는 성향이 있는가 하면, 장년기의 아주 실질적인 이해타산의 감각으로 미래를 부지런히 계산하는 성향도 있고, 노년기의 두려움과 거부감으로 미래를 대하는 경향도 있습니다. 뿐만 아니라 앞서 말한 개인적 소양이랄까 업의 경향성에 따라서 미래가 존재하는 모습도, 우리에게 비추어지는 모습도 각양각색입니다. 그런데 미래가 아직 오지 않은 상태로서 실재하지 않고, 그 사람의 성향에 비친 관념으로서 존재한다는 점에서는 역시 동일합니다. 과거도 미래도 우리 눈앞에 있지 않은 하나의 허상입니다. 우리는 과거나 미래에 대해 실제 사물을 보듯이 보는 것이 아니고 관념의 창구를 통해서 관념 조작을 하면서 보고 있다는 것입니다. 그러니 허상이지요.

  그런데 이런 과거나 미래가 우리에게 행사하는 힘은 대단히 큽니다. 어떤 사람은 과거를 거의 끌어안고 삽니다. 과거의 추억 속에서 살고, 현재는 과거의 추억을 일으키는 하나의 모멘트로서만 사는 사람도 있습니다. 또 젊을수록 미래에 대한 꿈만 꾸면서 사는 경향도 강합니다. 이런 얘기를 들으면 '왜 과거를 살고 미래를 살아, 현재를 살아야지.' 하는 생각이 드는 게 너무나 당연합니다. 그런데 그 당연한 것을 당연하게 하지 못하게 하는 게 바로 사바세계의 구조적인 갈등이에요. 당연한 그것을 못 한다 이 말입니다. 당연히 현재를 살아야 할 텐데……. 조금만 체계적으로 자신을 돌아보면 깜짝 놀랄 겁니다. 자신이 얼마나 과거에 살고 있는지, 가끔은 미래에 살고 있는지, 또 현재에 살고 있는 순간은 얼마나 적은지 말입니다. 들여다보면 볼수록 그렇습니다. '나는 현실주의자야.', '나는 현재를 사는 자야.' 하는 사람들도 엄밀한 의미에서 대부분 과거를 살고 있습니다.

우선 우리가 가지고 있는 가치관이라는 것부터가 과거입니다. 과거에 겪은 것이 되풀이되는 동안 쌓이고 쌓여서 마침내는 굳어진, 그 어떤 과거 성향의 유산이 지금의 우리를 구속하고 있을 때, 그리고 과거에 생각해서 판단했던 것들이 하나의 가치관이 되어 지금의 나를 지배하고 있을 때, 여러분은 이미 과거를 사는 것이지 현재를 살고 있는 것은 아닙니다.

'좋다, 나쁘다.' 하는 것도 자세히 보면 황당무계하지요. 과거의 어떤 시점에 또는 어떤 가르침의 분위기 속에서 무엇인가를 좋게 받아들였을 수도 있고 나쁘게 받아들였을 수도 있을 텐데, 바로 그것이 되풀이되며 어느덧 자기의 습관과 성향이 되어 지금의 나를 지배하고 있다면 그 사람 또한 과거의 수인囚人이다 이 말입니다. 과거에 갇혀 사는 수인. 통념이라는 지극히 속기 쉬운 어떤 관념적 사고 성향을 습관적으로 지속하고 있기 때문에 우리는 현재를 과거식으로, 과거의 수인으로 살면서도 그것을 깨닫지 못할 뿐입니다. 이 사바세계가 우리를 그렇게 꽁꽁 묶어놓습니다. 남들과 어울리면서 세상을 적당히 산다는 자체가 과거에 갇혀 살기를 강요하는 체제입니다. 우리 주변에 온통 범람하고 있는 여러 가치관, 그 언어들 전부가 다 과거의 소산이거든요. 그 과거들이 어떤 때는 종교라는 이름으로, 어떤 때는 이데올로기라는 이름으로, 또는 가치관이라는 이름으로, 논리적 필연성이라는 이름으로, 별별 이름과 명분을 달고 우리를 지배하고 있습니다. 우리가 어느 정도로 과거를 살고 현재는 생략하고 있는지는 상상을 넘어섭니다. 부처님은 그 중대한 사실을 발견하셨기에 '지금을 살지, 과거를 살지 말라.'고 간절하게 타일러주신 것입니다.

생각해보십시오. 우리가 한 살이라도 더 나이 먹고 하루하루 새 날을 맞이하면서 그만큼 구각에서 탈피하고 더 발전해야 마땅한 것 아닙니까. 너무나 당연한 이야기입니다. 예를 들면 여러분들이 가정에서 자녀들에게 뭘 요구합니까. 초등학교에 다니면 무난히 중학생이 되기를 바라고, 그 다음에는 고등학생이 되기를 바라고, 그 다음에는 대학생으로 올라가기를 바라지요. 그 자리에 머물길 바라진 않습니다. 그 자리에 머무는 것을 유급이라고 하지요. 얼마나 끔찍이도 싫어

합니까? 그런데 우리 정신이 과거의 수인이 되어서 과거에 받아들였던 어떤 가치관, 과거에 채택하기로 결단했던 가치관에 맹목적으로 매이고, 그 가치관이 오늘의 삶을 사는 지침으로 작용하고 있다면 그 사람은 유급생 아닙니까? 바로 낙제생 아닙니까? 부모는 낙제하면서 자식들은 진보하라고 하면 그 말은 맞습니까?

그런 중대한 모순이 자신도 모르게 바로 우리 생활 깊숙이 도사리고 앉아서 우리를 구속하고 있는데, 이 문제에 대해 깊이 숙고하지는 않는다는 말입니다. 게다가 사회체제는 온갖 장치를 통해 우리가 깊이 숙고하지 않도록, 그러한 관념과 허상들의 끝도 없는 유희에 계속 춤추고 놀아나도록 강요하고 있습니다. 텔레비전, 신문, 잡지 따위는 말할 것도 없고, 소위 양서나 악서 가릴 것 없이 모든 책들도 우리를 과거의 수인으로 머물도록 강요하고 있지요. 그래서 허상 속에 살면서 계속 허상을 좇도록 아주 입체적이고 체계적으로 내몰고 있습니다. 이에 대한 자각 없이, 이 사회체제가 정치적, 경제적으로 조금 틔워준 숨구멍, 그저 그 구멍만으로 숨 쉬면서 마치 자기가 끝없는 발전이나 하고 있는 듯 현실에서 유급하지 않고 진보하고 진학하고 있는 듯이 착각하면서 자식들에게도 그런 길을 걷도록 강요하고 있다면 대단히 안타까운 일이지요. 그래서 부처님이 '지금을 보라.', '지금을 챙기라.'고 말씀하시는 것입니다. 이렇게 돌아보면 부처님 가르침에 '지금'이라는 말 한 마디가 얼마나 정곡을 찌르는 깊은 뜻을 지닌 말씀인지 여러분 충분히 짐작이 가실 겁니다.

여기

　'여기'라는 말은 또 뭘까요? 여기. '여기'는 '저기'가
아닌 곳입니다. 바깥도 아니고 다른 데도 아닌 바로 그
자리. 시간적으로 지금처럼 곧 공간적으로는 여기인
데, 이 여기는 그럼 어디일까요? 한국 땅입니까? 서울
입니까? 인사동입니까? 우리가 모인 이 집 안입니까?
아닙니다. 여기라는 곳은 이 오온五蘊을 말합니다. 여
기라는 공간, 이것도 관념이지요. 이 공간을 살고 있
는 확실한 요소, 실제의 리얼한 요소는 '오온의 작용'
말고는 없습니다. 부처님이 말씀하시는 여기는 관훈동
172번지가 아닙니다. '나'라고 하는 허구의 최심층 단
위, 그 단위를 이루는 가장 리얼한 요소로서의 오온입

니다. 물론 제법무아의 시선에서 보면 그것도 실재實在가 아니지요.

그러나 허구에서 벗어나 실제實際를 통해 우리의 통찰력을 키우려고 하면 이 오온 말고 어디 다른 데서는 더 실제적인 것을 구할 수 없습니다. 그래서 여기는 바로 이 오온입니다.

여기 육신이 있습니다. 즉 오온 중에 색온色蘊이 있습니다. 색온이 지금 '숨을 들이쉰다, 내쉰다.'는 행을 하고 있습니다. 들이쉰다, 내쉰다. 〈염신경念身經〉에는 '신행身行을 고요히 하면서'라는 말이 있습니다. 신행身行은 몸이 하고 있는 행위를 말하지요. 여러 행行 가운데 궁극적 의미에서 몸과 가장 불가분한, 그것이 없으면 몸이 존재하지 못하는 행은 바로 호흡입니다. 숨을 쉬지 않으면 결국 죽고 썩어서 몸도 사라지지 않습니까. 간단합니다. 그 신행, 즉 호흡을 보라는 말입니다. 바로 여기의 호흡을 보라는 말입니다. 왜 '호흡을 관하라.', '호흡을 염念하라.' 하는지 아시겠습니까? 관세음보살을 염할 수도 있고 별별 공부 방법이 다 있는데, 왜 부처님은 '호흡을 보라.' 하시느냐? 처음부터 지금·여기를 보는 연습으로 가르치신 말씀입니다.

'지금·여기'에서 우리에게 가장 분명한 사실은 이 육신이 숨을 쉬고 있다는 것입니다. '내'가 숨 쉬고 있는 것이 아니라 '육신'이라는 마당에 호흡이라는 과정이 진행되고 있다, 그것만이 생생한 사실입니다. 과거의 호흡을 보라는 것도 아니고 미래의 호흡을 보라는 것도 아닙니다. 아까 쉬었던 숨이 아니고 '지금·여기'서 일어나는 숨을 보라는 겁니다. '숨이 나가고 있으면 나가는 것을 보라. 숨이 들어오고 있으면 들어오는 것을 보라. 숨이 끊어졌으면 끊어진 것을 보라. '지금·여기'를 보라.' 그래서 호흡을 보라 하신 것입니다. 왜? 지금·여기를 보는 출발이 이 몸이기 때문입니다. 바로 〈염신경〉이 지금·여기를 보는 첫 연습으로서 몸을 보는 훈련을 담고 있습니다. 몸이 사념처 중 첫 번째 볼 것입니다. 사념처四念處는 몸 말고도 느낌, 마음, 법을 포함합니다. 〈염처경念處經〉은 지금·여기서 볼 네 가지를 다루고 있습니다. 시작은 염신念身부터입니다. 신身에 대한 염念부터 먼저 익혀야 지금·여기를 보는 훈련의 기초를 닦을 수 있습니다.

그 다음이 느낌을 보는 공부지요. 공부 좀 해보신 분들은 경험이 다 있을 거예요. 가만히 앉아 있으면 어떤 때는 얼굴에 실룩실룩 벌레가 기어갑니다. 이거 무슨 벌레가 기어가나 싶어 손을 대보면 아무것도 없어요. 그러한 느낌의 허구성을 알기 위해 '지금·여기에서 일어나고 있는 느낌을 찾으라.'는 이야기입니다.

또 지금·여기에 일어나고 있는 일이 마음을 통해 나타난 것일 수도 있습니다. 지금·여기서 마음 상태에 변화가 일어납니다. 예를 들면, 지금 내 마음이 기분이 좋다, 그런데 어떤 소리를 듣는다, 그 순간 내 마음이 그냥 급전직하로 내려앉거나 가라앉는다, 또는 좁아진다, 그런 경험들 많이 하고 계시지요? 또는 말 한마디 듣고 갑자기 기분이 다 풀리고 좋아져 의기충천하다가 다시 소침해지다가 하는 이루 말할 수 없는 변화가 우리 마음속에서 일어나고 있지요. 이 역시 지금·여기서 일어나는 현상입니다. 그 마음 상태의 변화를 놓치지 말고 보라는 것입니다. 왜? 그것이 바로 지금·여기니까요.

　법이라는 측면에서도 지금·여기를 봅니다. 바로 법
념처法念處지요. 예를 하나 들어보면, 내가 졸린다. 이
것은 분명한 사실입니다. '졸음이 온다, 졸음이 온다.'
고 보란 말이지요. 졸음은 법념처 다섯 가지 장애 중
혼침 장애이니, 법을 보는 것이 됩니다. 지금·여기 일
어나는 걸 놔두고 딴 것에 정신을 팔지 말고 바로 그것
을 보라는 말입니다.

'지금·여기' 공부

   '지금·여기'에 마음이 기쁘고 들뜨면 그럼 기쁘고 들뜨는 것을 보라. 지금·여기에 욕심이 일어나면 '욕심이 일어난다.'고 보라. 지금·여기에 '성내는 마음'이 일어나면 바로 '성내는 마음이 일어났다.'고 보아야지 성내는 마음 상태의 원인이 되었던 바깥 경계를 좇지 말라는 말입니다. '누가 무슨 말을 해서 성이 나고 있다.' 하는 순간에 보통사람들은 말을 한 그 사람에 대해서만 신경을 씁니다. '누가 기분 나쁘게 무슨 말을 해서 내 심기를 다 건드렸어, 나쁜 사람이야.' 이런 식으로 맹렬한 사고 활동이 시작되면서 증오하고 원망합니다. 별별 마음을 다 일으킵니다. 그러한 마음이 일어나면 실타래에서 실이 풀리듯이 끝없이 풀려나가면서 점점 요상한 요인들이 첨가되고 가속화되어서는 더 맹렬해집니다. 이 모두가 사바세계에서 삶의 모양을 짓는 과정들이지요.

우리가 불행하거나 비참한 것도 다 그 때문이지 무슨 다른 이유가 있습니까? 그래서 우리가 고통을 하소연하지만 정작 사실을 들여다보면 딴 판입니다. 지금·여기에 증오가 일어날 때 '증오가 일어난다.'고 보아야 할 텐데 지금·여기가 아닌 바깥에 있는 남을 보고 있습니다. '그 사람이 무슨 말을 했다.'는 사실만 챙기고 있는 것이지요. '그가 무슨 말을 했다. 그것이 옳다, 그르다, 억울하다.' 이런 식으로 바깥에 마음을 다 팔고 있으니 자기 내부에서는 갈등과 고뇌가 끝없이 실타래처럼 이어가건만, 거기에 대해서는 속수무책입니다.

이렇게 되면 공부인이 아니지요. 공부의 '공'자도 모르는 셈이지요. 공부인이라면 빨리 바로 지금·여기를 챙겨야 합니다. 0.1초만 지나도 과거입니다. 아까 누가, 금방 누가 무슨 말을 했다 해도 그것은 과거입니다. 지금 누가 말하고 있다 해도 그 말은 금방금방 과거로 되고 있기 때문에 내내 과거입니다.

그러므로 바깥은 필연적으로 과거입니다. 그러한 바깥, 남, 누가 무슨 말을 했다 따위는 전부 과거입니다. 지금·여기의 오온이 아닌 바깥의 오온, 남은 벌써 관념적인 대상입니다. 내가 생각하는 그 사람이 친구다, 적이다, 친절한 사람이다, 불친절한 사람이다, 이것은 모두 관념입니다. 실제가 아닙니다. 내가 일방적으로 판단했든 어떤 근거에 입각해 판단했든, 다 과거에 기인해서 설정된 관념체계의 산물입니다. 그 관념체계를

나의 상전으로 계속 모시고 있는 것이지요. 그래서 온 마음을 그쪽에 쏟고 있는 것입니다. 끝이 없지요. 그것이 신일지라도, 하느님일지라도, 부처님일지라도 다 과거입니다.

공부인은 정신을 과거에 잠시도 빼앗기지 않으려고 노력하는 사람을 말합니다. 지금·여기가 아닌 바깥에 정신을 빼앗기지 않으려 노력하는 공부를 하는 사람입니다. '정신을 뺏긴다.'는 말과 '챙긴다.'는 말의 차이를 정확하게 이해하셔야 합니다. 바깥에 무엇이 있든 간에 안 보겠다 하면서 눈 딱 감고 '나 몰라라.' 하는 태도를 말하는 것이 아닙니다. 반대로 눈 딱 뜨고 그것을 보겠다는 말도 아닙니다. 지금·여기를 보는 것은 그런 태도가 아닙니다. 더 깊이 생각합시다.

누가 나를 향해 무언가 말하고 있을 때, 내가 그 말을 듣고 말뜻을 헤아리는 데 온통 정신을 쏟고 그 말의 흐름에 내 마음이 매몰되고 함몰되고 지배당하고 있다면 그것은 정신 팔린 것입니다. 분명히 말을 듣고 있습니다. 그 뜻을 챙기고 있습니다. 그러면서도 자기 의식을 객관화시켜 그것에 마음을 딱 앉혀서 내가 '말을 듣고 있다.'는 사실을 관하고 있다면 그것은 마음을 챙기고 있는 것입니다. 말을 듣고 있지 않다는 것이 아닙니다. 말을 들으면서 그 말을 듣고 있는 자신의 의근意根, 즉 육근六根 중의 의근에서 지금·여기 일어나고 있는 일을 관하고 있다면 마음을 챙기고 있는 것입니다. 남이 무슨 말을 했는지 하나도 모른다는 뜻이 아닙니다. 그것하고는 다른 차원의 이야기지요. 오히려 더 잘 들을 수 있지요. 더 정확하게 들을 수 있지요. 덜 주관적인, 비주관적인 태도로. 듣고 있는 것은 제대로 듣고 있는 것으로. 이러한 들음은 그 자체로 항상 거기서 완전히 끝나버리는 것입니다.

거기에 대해서 내 마음속에 어떤 반응이 일어나는 것은 다른 사실입니다. 그러면 그 마음의 반응, 예를 들면 거기에 대해서 '기쁘다, 슬프다, 노엽다, 즐겁다.' 하는 감정이 일어나면 그것대로 또 관찰 대상이 됩니다. 그 마음 반응의 실타래에 얽혀 줄줄줄 이어져 나가도록 맹목적으로 방치하지 않아야 합니다.

그렇게 하는 것을 '공부한다.'고 합니다. 즉 마음을 챙기고 있다는 것입니다. 그러다 보면 몸으로부터 시작해서 오온에서 일어나는 일체의 일을 하나도 놓치지 않고 다 볼 수 있게끔 발전합니다. 보는 눈이 계속 발전합니다. 그래서 나중에는 행주좌와 간에 어묵동정

간에 그 모든 신행과 그에 뒤따르는 여러 느낌, 마음, 법, 이 모든 것을 다 관觀할 수 있게 됩니다. 또 의도적으로 그렇게 하도록 스스로를 꾸준히 훈련하게 됩니다. 이 훈련을 보통 '공부'라고 부르는 것이지요. 오온에서 행이 일어나면, 그것을 관하면서 관하기 자체를 잠시도 놓치지 않으려고 애쓰는 것입니다.

처음에는 힘이 무척 들지요. 의도적으로 노력하니까 처음에는 상당한 에너지를 소비합니다. 그러나 이런 노력이 자리 잡히면 나중에는 그냥 자동적으로 힘들이지 않고도 저절로 하게 됩니다. 그런 지경까지 가야 합니다. 가야만 합니다. 그러한 경지에 이르면 결과적으로 어떻게 될까요?

과거에 매여 살던 때는 바깥 경계가 끊임없이 나를

지배했습니다. 바깥 경계가 나를 지배하면 끔찍한 고통의 연속이지요. 바깥 경계에 무슨 즐거운 일이 있습니까? 심지어 가장 맛있다는 음식도 계속 즐기다 보면 배탈이 나고, 단것을 많이 먹으면 당뇨가 온다느니 기름진 것을 많이 먹으면 고혈압이 온다느니 별 공포스러운 이야기와 생각들이 따라오고, 실제로 그런 결과가 나타납니다. 그러니 바깥 경계에 정말 즐거운 것이 뭐가 있기나 한지 의문입니다. 정말 즐거운 일이 바깥에 있을 수 있을까요? 즐거움이 몇 순간을 더 지속하는가 싶다가 바로 본색이 드러나는 경험을 여러분도 많이 했지요? 즐거움이 바로 고통의 씨앗이지요. 바깥 즐거움이라는 게 그렇습니다. 좋은 친구 만나서 반가웠는데 곧 떠나 버려요. 참 섭섭하지요? 배우자든 자식이든 누군가를 만나서 즐거운 것, 그 느낌이 언제까지나 기쁨의 원천이 되던가요? 온갖 세상사, 고통의 한 시작이 아니었습니까? 자기 마음과 정신의 주도권 또는 운전 권한을 바깥에 맡겨놓고 사는 것은 참으로 속절없고 불안합니다. 고통스러운 일입니다. 그런 측면에서도 우리는 이 마음을 더 이상 바깥에 맡겨서는 안 됩니다. 더 이상 마음을 바깥 경계에 맡겨놓고 안주해서는 안 됩니다. 야박한 이야기 같지만 이제는 바깥에 맡겨놓았던 마음을 내가 다시 챙겨야겠습니다.

무아無我와 같은 불교의 근본 개념을 너무 비근한 데다가 함부로 적용시켜서 그것을 챙기려고 하면 그건 공부가 순서를 잃은 것입니다. 옳게 챙겨야 무아의 깨달음에도 도달할 수 있습니다. 옳게 챙기지 않으면 무아는커녕 아무것도 못 이룰 것입니다. 그래서 순서 있고 체계적인 접근이 반드시 필요합니다. 부처님은 법을 깨닫는 길을 우리에게 안내해주려고 나오셨지, 법을 만들어 우리에게 선사만 하려고 나오신 것은 아닙니다. 불제자는 부처님을 만났기 때문에 마땅히 그만큼 체계적으로 법에 접근할 수 있어야 합니다. 그리고 법을 자기 것으로 만들 수 있어야 합니다. 너무 거창한 개념과 이야기들에 미리 훈습되어 가지고 사고가 단계성, 체계성을 생략하거나 소홀히 하지는 말아야겠습니다. 불교는 겉멋이 아니니까요.

체계적으로 닦는 법의 시발이 바로 마음챙김이지요. 우리는 마음을 자꾸 챙겨서 지금·여기에 일어나고 있는 오온의 작용, 오온에서 발생하는 과정을 간단없이 지켜보도록 애써야겠습니다. 그리하면 부처님의 그 크고 거룩하고 깊은 가르침을 다 내 것으로 만들 수 있습니다. 부처님께서 말씀하신 '해탈'도 육도 윤회를 끝내는 거창하고 궁극적인 것으로만 생각하면 안 됩니다. 〈고요한소리〉에서 나온 《자유의 맛》이라는 책 보셨지요? '자유의 맛, 해탈'이라는 말이 얼마나 현실적이고 가깝게 다가옵니까. '기아로부터의 해방', '공포로부터의 해방'이라고 할 때, 그 해방이 바로 자유입니다. 이것이 해탈입니다. 우리가 어떤 습관으로부터만 벗어나도 바로 해탈입니다. 궁극 해탈이 아니라는 것뿐이지. 그러니까 해탈은 비근한 데서부터 시작해서 구경究竟에까지 걸쳐 있습니다. 우리도 비근한 데서부터 시작해서 구경에까지 나아가면 됩니다. 그 나아가는 길이 처음에는 쉽고 뒤에는 어려운 것도 아닙니다. 길은 같습니다. 내내 지금·여기에서 마음을 챙기도록 부단히 노력하는 것입니다.

무단외출 길들이기

우리 마음에는 어떤 바람이 있습니다. 한참 공부하
다 보면 나중에 그 바람이 경계로 나타납니다. 그때 사
람들은 지금·여기를 벗어나 경계로 나타난 바람 속에
안주합니다. 그래서 험난한 길로 빠져 들어갑니다. 만
약 우리에게 바람이 없다면, 왜 마경魔境이나 헛것에
속아서 야단법석을 떨겠습니까. 다 자기 스스로 만든
환幻이지요.

지금·여기를 떠나서 과거나 또 가끔은 미래 다른 곳
에 가서 만나는 환상, 그걸 명색名色이라고 합니다. 명
색에 정신 팔리는 버릇, 그 버릇에 물들어 있으면 바로

십이연기에서 말하는 바 '식識이 있으면 명색이 있고, 다시 촉觸·수受·애愛·취取가 있어서 끊임없이 윤회하는' 것입니다. 그게 바로 바깥 외출이에요. 외출의 구멍이 육입六入입니다. 따라서 육입은 육출六出이기도 하지요. 육처六處지요. 육처를 통해서 우리 식識이 끊임없이 명색을 통해 바깥에 나가서 촉·수·애·취를 만나지요. 그렇게 바깥으로 나가니까 정신이 팔리지요. 정신이 팔리니까 '좋다, 나쁘다.'가 일어나서 애착도 생기고 집착까지도 생겨서 또 다음 생을 맞는 것이지요. 그런 결정적인 집착의 덩어리를 자꾸 만들고 앉아 있어요. 이것을 '윤회輪廻'라 하는 겁니다.

악동이 공부는 안 하고 자꾸 집밖에 나가서 놀기를 좋아하듯이 중생도 육처라는 구멍을 통해 자꾸 나가서 명색을 만나서 노는 겁니다. 여러분도 고3 자제들을 단속해서 책상 앞에 자꾸 앉히고 싶어 하지요? 그와 마찬가지로 육처를 통해 무단가출해서 밖에서 자꾸 놀려고 드는 마음의 버릇을 멈추도록, 그래서 차분하게 지금·여기라는 교과서 공부를 하도록 책상 앞에 앉혀야 합니다. 우리가 명색에 부단히 정신을 팔고 있을 때는 부처님의 학교를 나가서 놀이에 빠져 있는 것입니다. 공부 안 하고 있는 것입니다. 그리고 공부 안 한 결과, 재수생이 겪는 고통처럼 사바세계 유급생의 고통이 따릅니다. 해탈해야 졸업할 텐데 졸업은 안 하고 계속 윤회의 유급을 하고 있는 것이지요. 그러니까 부모 만나서 잔소리 들어야 하고, 고3 학생 두고 잔소리해야 하는 고통이 계속되기 마련입니다.

그러면 어떻게 명색을 가지고 노는 유혹에서 벗어나 지금·여기를 챙겨서 능히 교과과정을 마치고 거뜬하게 졸업하느냐? 부처님 가르침대로만 하면 결코 어려운 일이 아닙니다. 단, 진실성이 필요합니다. 자기를 스스로가 속이려고 들면 아무것도 안 됩니다.

아무리 부처님 열 분 스무 분이 나오셔서 아무리 좋은 말씀 해보셔야 소용없습니다. 자기가 자기를 속이려고 들 때는 도리가 없는 일입니다. 뻔뻔하기 짝이 없고 자기 합리화에 급급하면 어쩔 수가 없지요. 공부 못하겠다고 하는 구실이야 무궁무진하니까. 공부 안 하겠다는데 어떻게 당할 수 있겠습니까? 그러나 정직하고 성실하게 공부에 임하고 자기를 속이는 것이 어떤 끔찍한 결과를 가져온다는 사실을 직시만 한다면, 그러면 우리는 공부할 태세가 다 된 것입니다.

방법은 간단합니다. 지금·여기에 간단없이 집중하

는 것입니다. 여기에서 '간단없다.'는 말은 끊임이 없다는 뜻입니다. 토막토막 자꾸 끊이지 않고 간단없이 되면 제일 좋겠지요. 그러나 처음부터 어떻게 간단없이 됩니까. 그럴 리가 없지요. 간단없기는커녕 실타래 자체가 저쪽에 가 있지요. 여기서 끊임없이 지속되어야 할 실이 아예 실 타래째로 저쪽에 나가 있어요. 여기는 실도 없으니까 가서 자꾸 끌어와야 할 판이라, 그러니 처음부터 간단없기까지 바랄 수는 없는 형편이지요. 지금은 마음 챙기는 공부를 할 때입니다.

부처님이 비유하셨듯이 길들여지지 않은 코끼리가 숲속을 자꾸 방황하려고 합니다. 여러분 자식들이 바깥에 나가서 자꾸 놀려고 합니다. 그와 같아요. 그런데 그 코끼리를 전쟁터에 타고 나갈 수 있게 길들이자면 바깥 숲속을 돌아다니는 놈을 가서 사냥해야 합니다.

붙잡아야 합니다. 붙잡아서 코끼리 훈련장으로 끌고 와야 합니다. 그러고는 도망을 못 가도록 튼튼한 말뚝을 박아서 코끼리를 묶어야지요. 끊기지 않을 만큼 강한 줄로 단단히 묶어서 힘센 코끼리가 풀고 도망가지 못하도록 말뚝에 붙들어 매야 합니다. 그 다음에 먹이를 주기도 하고 굶기기도 하고, 때로는 코끼리 길들이는 창으로 고통도 좀 가하고, 때로는 상으로 좋아하는 먹이도 주고 어루만져도 주고 하면서 길들여야 합니다. 이 코끼리가 숲속에 나가서 돌아다니는 버릇을 완전히 끊어서, 심지어는 화살이 날아와도 두려워하지 않고 주인의 뜻을 따라서 전진해야 할 때는 전진을 하고 후퇴해야 할 때는 후퇴를 하고, 왼쪽으로 가야 할 때는 왼쪽으로 가고 오른쪽으로 가야 할 때는 오른쪽으로 갈 정도로 길들여야 합니다. 그런데 그게 하루아침에 됩니까? 코끼리의 야성이 순화되기 전까지는 그저 생각은 항상 숲속에 가 있어서 어떻게든 줄을 끊고 도망가려고만 합니다. 그런데 이놈이 힘이 세다 보니까 잠시만 방심하면 어느덧 강한 줄을 쉽게 끊고 도망 가버립니다. 그러면 어떻게 할까요? 포기할 수 없는 일 아닙니까. 지금 임금이 이 코끼리를 길들여 전쟁터에 타고 나가서 싸워야 할 판인데 코끼리 도망갔다고 포기하겠어요? 그래서 천 번이든 만 번이든, 하루에 십만 번이라도 코끼리를 다시 붙들어 오는 수밖에 없습니다. 그래 가지고 어떻게든지 말뚝에 매서 길을 들여야 합니다.

이 마음이라는 놈, 이것이야말로 내가 탐·진·치라는 적군과 싸울 전쟁터에 타고 나갈 유일한 탈 것입니다. 전쟁터에 타고 나가서 적군을 무찌를 수 있는 믿음직한 코끼리를 만들려면 거듭거듭 숲속으로 도망치는 코끼리를 붙잡아야 합니다.

'나는 유별나게 코끼리가 잘 도망가.' '마음이 자꾸 숲속으로 도망가.' '나는 인연이 없나 봐.' 누구든지 그렇게 말합니다. '부처님 같은 분, 공부하는 분들은 별난가 봐.' '나는 이렇게 하루에도 십만 번이나 더 도망을 가는데 그분들은 처음부터 잘 되는가 봐.' 이렇게 착각합니다. '나는 공부가 너무 어려워서 해도 해도 안 돼요. 도저히 나는 안 되나 봐요.' 하는 사람이 대부분입니다. 잘못 알고 있습니다. 누구나 그렇습니다. 야생 코끼리가 숲속으로 돌아가는 것은 너무나 당연한 일입니다. 어느 누구라고 안 그렇겠습니까? 예외 없이 다 그렇습니다.

물론 예외가 있어서 처음부터 차이가 있는 분이 가

끔 있습니다. 그분은 전생에 남 못지않게 고통스럽게 공부를 한 결과겠지요. 전생에서 한 공부 성과를 가지고 왔기 때문에 집중이 조금 더 잘 되는 겁니다. 닦은 사람이 닦은 만큼 선근을 누리는 것입니다. 그런 차이는 있을 수 있지만 그 사람이라고 해서 전생에 각고의 노력을 하지 않은 것은 아닙니다. 전생에 공부를 했거나 말거나 금생에 똑같아야 한다고 생각한다면 그것도 부당합니다. 그래서 오히려 '내가 전생에 공부를 안 했구나.' 하고 생각하면 되지, '나는 안 되나 봐.' 하고 생각할 필요는 없습니다. 금생에 노력하면 그 공부 잘하고 있어 보이는 누구만큼이나 내생에 나도 잘 될 겁니다.

그런 이치니까 부처님도 '예류과豫流果를 이룬 사람은 일곱 생 안에 성불한다.'고 하시지 않습니까. 일곱

생 안에 되는 사람을 예류과, 또 한 생만 더 하면 되는 사람을 일환과, 일래과一來果라 하지요. 한 생만 더 하면 되는 사람이 금생에 보이는 모습과 예류과는커녕 범부 중생일 뿐인 내가 같을 수는 없지요. 안 그렇겠습니까? 한 생만 더 하는 그분이 사는 모양을 우리가 보면 정말 기적적으로 산뜻합니다. 참 공부가 잘 되고 완전히 다릅니다. 그러나 그분의 오늘이 있기까지 전생에서 얼마나 많은 공부를 했겠습니까. 부처님《본생담 Jātaka》을 보면 부처님이 얼마나 많은 다겁생을 공부에 바쳤습니까. 부처님이 어떨 때는 원숭이도 됐다가 어떤 때는 도적도 됐다가, 참 수많은 생에서 처절할 만큼 사바세계 고苦를 겪으셨습니다. 배신도 당하고 고통도 겪고 팔다리가 끊어지는 형벌도 받고 별별 일을 다 겪습니다. 그게 다 수행입니다. 그렇게 공부해서 부처가 되셨는데, 우리는 그 과정은 다 생략하고 보기 좋은

최종 장면의 부처님만 보고서는 '나는 그렇게 안 되니까 공부 인연이 없나 보다.' 한다면 그것은 어린애 투정도 아니고 전혀 이치에 닿지 않는 말이지요. 나도 부처님의 본생담에 해당하는 전생을 살고 있는 겁니다. 따라서 나도 부처님이 그랬듯이 별별 경험을 다 쌓고 있는 중입니다.

하지만 우리는 부처님이라는 훌륭한 스승을 만나서 부처님의 가르침이라는 길을 걷는 기회를 누리고 있습니다. 아무나 누리는 기회가 아닙니다. 보십시오. 지금 이 지구상에 과연 몇 사람이 그 길을 즐겁게 걸으려고 합니까? 얼마나 많은 사람이 종교적 편견이나 무슨 가치관 등 별별 것을 다 내세워 부처님을 요리조리 피하고 있습니까? 여러분은 그래도 전생에 뭔가 닦았기에 그나마 금생에서 불법을 좋아하는 인생을 살고 적어도 불자가 되었겠지요. 불자 중에도 사이비 단계 내지는 중간단계, 혹은 덜 익거나 익은 단계 등 다양한 수준이 있지요. 당연하지요. 그래서 불교를 믿으면서도 무당이나 찾아다니는 불자도 있겠고, 스님들에게도 무당이기를 요구하는 신도도 있겠지요. 무당 효험이 없으면 그 절에 갈 필요도 없으니까 효험 있다는 바위 앞에서 기도도 합니다. 그것도 불자들의 다양성입니다. 누구나 다 겪고 있는 일 아닙니까? 모두가 다양한 단계를 거쳐 나가면서 발전하고 있는 것입니다.

그러나 우리가 금생에 모처럼 불법을 만난 인연을 한층 성숙시키기 위해서는 부처님 가르침의 정수精髓인 팔정도八正道를 마침내 찾아서 그 길에 깊이 들어서야겠습니다. 팔정도 분상에 들어서면 이미 종교니 뭐니 다 사라지지요. 종교 편견이 그 어디에 발붙일 데가 있으며, 무슨 사회적 편견이 발붙일 곳이 있습니까? 그런 제대로 된 불자가 되어서 하나의 종교 형식을 넘어선 부처님의 그 보편하고 그 넓은 가르침을 내 것으로 만든다면 여태까지 살아온 금생 뿐 아니라 다겁생의 결산을 한번 멋지게 하는 거다, 이 말입니다. 만일 내생에도 이어갈 수 있을 만큼 확고한 공부의 기반을 금생에 닦는다면 공부가 잘 되든 안 되든, 잘 안 되어서 어떨 때는 절망에 빠지든 말든, 여러분 금생은 절대로 무의미하지 않을 뿐만 아니라, 윤회의 향상도정에서 보면 정말로 결정적인 전환점을 맞고 있는 것입니다.

하루에 천만 번이라도

그러니까 우리가 이렇게 공부하고 있는 금생이 성불의 기초를 닦는 한 생이 되는 셈인데, 얼마나 복된 한 생을 사는 것입니까? 얼마나 선택된 생, 축복받은 한 생을 사는 것입니까? 그 모든 것이 결국은 '지금·여기'에 마음을 붙들어 매는 공부의 성패에 달렸습니다. 잘 안 되어도 좋으니까 끊임없이 숲속으로 도망가는 마음을 붙들어 오십시오. 하루에 천 번이면 천 번, 만 번이면 만 번, 천만 번이면 천만 번 붙들어 맵니다. 붙잡아다가 자꾸 붙들어 매십시오.

'공부가 여의하게 잘 된다.'는 그 경계에 욕심내지

마십시오. 내가 얼마나 지금·여기에 이 마음을 붙들어 매어서 코끼리가 요동하지 않고 순순히 응하도록 길들여 가느냐 하는 문제일 뿐이지, 다른 것 아무것도 없습니다. 남하고 비교할 필요도 없습니다. 그저 붙들어다가 지금·여기의 말뚝에 매십시오. 말뚝은 다름 아닌 사념처입니다. 사념처라는 말뚝에 매십시오. 즉, 지금·여기에 매라는 말입니다. 그 외에는 다 지금·여기가 아닌 과거이거나 딴 곳입니다. 엉뚱한 곳에 매어서는 안 됩니다. 지금·여기라는 사념처에 바로 매십시오. 그래서 길들지 않은 마음, 이 야생 코끼리 같은 마음을 틀림없이 길들입시다. 이 노력을 포기하면 안 됩니다. 누구나 다 같습니다. 이 마음에 내가 자꾸 번롱을 당하지요? 그러니까 자꾸 붙들어다가 마침내 지배해야 할 것입니다. 이 마음만은.

왜? 마음이 마치 술 취한 운전사처럼 제멋대로 차를

몰면 차 뒤에 앉은 주인은 금방 무슨 꼴을 당할지 무슨 사고를 당할지 모르는 것 아닙니까? 절박합니다. 택시를 타도 마찬가지입니다. 택시기사가 거친데다가 술까지 마셨고, 지금 기분이 대단히 나쁘다 하면 얼마나 불안합니까? 그런데 이 마음이 지금 술 먹고 거칠고 길들여지지 않은 기사가 아닙니까. 그 마음이 나를 끊임없이 운전하고 있는데도 아직도 '아, 그건 내 마음이야.' 하고 엉뚱하게 착각하면서, '내 마음이니까 내 마음대로 하지.' 하고 우기렵니까? 단 1분만 앉아서 자기 마음을 한번 관찰해 보십시오. 내 마음이라 생각했던 것이 내 마음대로 움직여 주기는커녕, 그놈은 완전히 딴 놈입니다. 제멋대로입니다. 그러니 어떻게 해야 합니까? 내 주문을 안 들으려 하니까 천 번 만 번 쫓아가서 데려와야 할 게 아닙니까? 내 마음대로 될 것 같으면 붙잡아다 한 번만 매버리면 끝이지, 길들이고 자시고 할 것 뭐 있겠어요? '내 마음'

이라고 하는 그 마음, 그거 내 것이 아닙니다. 착각하면 안 됩니다. 그것은 지금·여기가 아닙니다. 완전히 과거의 산물이고, 과거의 흔적이고, 과거의 영향력입니다. 그 과거는 다생겁의 옛날부터 바로 지금 이 순간 이전까지의 과거입니다. 그러한 과거의 산물, 굳고 응고된 그 영향력이 '마음'이라고 속이면서 우리 앞에서 온갖 요사한 애걸과 아양을 떨어서는 '이게 내 것이다.' 하고 믿도록 만드는 것입니다. 그러나 믿은 순간에 그 사람은 속은 겁니다. 그게 어떻게 자기 마음이에요?

느낌도 마찬가지입니다. 몸 위로 분명히 뭐가 기어갑니다. 그걸 내가 느낍니다. 그러나 살펴보면 아무것도 없습니다. 그 느낌이 나를 분명히 속였는데 속인 놈이 잘못입니까, 속은 사람이 잘못입니까? 우리가 속지 않는 수밖에 없습니다.

마음, 이것은 더욱 그렇습니다. 마음 때문에 후회할 일을 얼마나 많이 저지릅니까. 돌아서서 얼마나 후회를 합니까. 왜 그런 일이 일어납니까? 이 마음이 내 마음이 아니라서 그렇습니다. 이건 온전히 자기 나름대로 놀고 있는 하나의 과정이지 '내 마음'이 아니에요. 그런데 우리는 그걸 '내 마음'이라고 얼마나 철석같이 믿습니까. 만사가 거기서부터 어긋나는 겁니다. 그래서 이 고해苦海가 연출되는 것이지요. 고해가 따로 있지 않습니다. 그저 이 착각, 이걸 불교용어로 무명無明이라고 합니다. 이 무명 때문에 사바세계의 고해가 다 연출되는 것 아닙니까. 마음이 내 것이 아니라 해서 그것을 적으로 삼을 필요도 없어요. 마음을 타고 전쟁터에 나가야 합니다. 어쩔 수 없습니다. 내 것 아니라고 깨달은 순간, 그놈을 버릴 수 있으면 좋겠는데 천만에 말씀, 마음을 버리고 도보로 전쟁터에 나가면 상대방은 코끼리를 탔는데 싸움이 되겠어요? 그러니까 이 마음을 길들여야 합니다. 길들이지 않은 게 죄지요. 그걸 '내 마음'이라고 생각했을 때는 길들일 생각조차 못했던 것이지요. 이제 알았다면 그 마음을 길들여서 타고 나가 전쟁에서 이겨야 합니다. 그런 것이니까 '내 마음'이라는 말조차 쓰지 말아야 합니다. '내 마음'이라고 해놓으면 공부가 안 됩니다. 근본 착각일 뿐인 '내 마음'을 가지고 어떻게 공부합니까? '그저 여기 마음이라 불리는 것이 있다, 그것이 지금 '나'라는 마당 위에서 어떤 과정을 연출하고 있다.'라고만 보아야 합니다. 그래야 마음이 관찰 대상이 됩니다. '내 마음'을 어떻게 관찰합니까? 팔정도를 닦고, 그래서 사념처의 말뚝에 매어 세밀히 살펴보아야지요. 그런 방식으로 그놈을 관찰하고 붙잡아서 길들여낸다, 그 길들여진 마음을 타고 부처 되는 길을 나아간다, 팔정도를 나아간다,

타고 가는 거다, 마음이라는 길들여진 놈을 타고 나아
간다, 이런 말입니다.

다시 말씀 드리건대, 성격이나 태도가 '완고하거나
완강하다.'는 것은 다름 아니라 '과거를 살고 있다.'는
얘기입니다. 긴 과거일수록 그것이 지배하는 모습은 완
고합니다. 반면 미래만 지향하며 살 때는 완고함과는
반대로 너무 낙천적이라 할까 철없다 할까, 말하자면
희망에 부풀기 쉽고 희망이라는 장밋빛 색깔에 속기
쉬운 또 하나의 환상에 빠지는 것입니다. 그러니까 미
래에 살면 소위 낙관주의자나 환상가가 되기 쉽고, 과
거에 살면 완고하고 이른바 현실적인 사람, 그래서 과
거 경험들의 교훈에 매여서 현재를 사는 사람이 됩니
다. 과거의 경험이 아무리 뼈저리고 절실했다 하더라도
자기를 묶는 가치로서 과거를 계속 존속시키는 것은 굳

은 태도입니다. 그런 사람이 과거를 사는 사람입니다.

　또한 여기를 벗어나 바깥을 주로 헤매는 사람일수록 나와 남의 분열 구조에 매입니다. 그러다 보면 오히려 자기만 챙기는 자기중심주의자 또는 이기주의자가 되기 쉽지요. 이기주의가 어디서 오겠습니까? 자꾸 바깥을, 대경을 생각하고, 거기에 정신을 팔고, 대경에 기대했다가 속았다든가 하면서 대경과 나를 대립시키다 보니 점점 더 자기 본위의 이기주의자가 되는 것입니다. 지금·여기를 떠나는 사람일수록 더 자기 본위적으로 되고 상대에 대한 경계심이 높아지며 완고한 고집쟁이나 환상가가 될 수밖에 없습니다. 결과적으로 자신을 해치고 남을 해칠 수밖에 없습니다. 환상가나 완고한 옹고집이 어떤 수로 남을 이롭게 할 수 있겠습니까? 경제적 폐만 안 끼치면 남에게 폐 안 끼치고 잘 사는 것입니까?

반면 과거나 미래, 바깥으로부터 안으로 들어와 지금·여기에 정신을 매어서 공부하는 사람은 어떻게 될까요? 바깥을 헤매는 일이 줄어드는 만큼 들뜸이 가라앉을 것이고, 들뜸이 가라앉는 만큼 고요해지기 마련입니다. 그렇겠지요? 고요한 만큼 나와 남을 분별하기보다는 나 속에서 일어나는 오온을 관찰하고 있으니까 맑아질 수밖에 없습니다. 남을 끊임없이 의식하고 남과 나를 대립시키고 있을 때는 물을 계속 휘저어 구정물이 되지요. 하지만 자기 오온을 고요하게 바라보고 있으면 그 물은 맑아질 수밖에 없습니다. 그러한 사람은 '자기'라는 것의 실체를 아니까 이기적일 수가 없습니다. 또한 그 무언가를 바라서 이타행을 하는 사람도 될 수 없습니다. 남도 다 오온五蘊의 가합假合이니까요. 따라서 그 사람은 나나 남에 대해 환상을 갖지 않습니다. 나에 대한 환상도 없고 남에 대한 환상도 없습니다. 그만큼 환상에서 벗어나 밝아질 수밖에 없습니다. 지금·여기를 사는 사람은 고요하기 마련이고, 맑기 마련이고, 점점 더 밝아지기 마련입니다.

앞서 '마음을 타고 간다.'고 말씀 드렸습니다. 우리는 지금·여기에 길들여진 마음을 타고 가야 합니다. 그 멋진 코끼리를 타고 부처 되는 길, 곧 팔정도를 나아가는 것입니다. 팔정도. 처음 우리가 올라설 때는 도보입니다. 그러나 어느 단계에 가서 특히 바른 마음챙김, 정념에서 길들여진 마음을 타면 그때는 도보가 아니고 특급 버스 또는 특급 열차를 타고 가는 겁니다. 그래야 되지 않겠습니까? 그렇게 정념正念 공부를 하는 것입니다. ✺

━━━━ 말한이 **활성** 스님

1938년 출생. 1975년 통도사 경봉 스님 문하에 출가.
통도사 극락암 아란야, 해인사, 봉암사, 태백산 동암, 축서사 등지에서
수행정진. 현재 지리산 토굴에서 정진 중. 〈고요한소리〉 회주

━━━━ 엮은이 **김용호** 박사

1957년 출생. 전 성공회대학교 문화대학원 교수 (문화비평, 문화철학).
〈고요한소리〉 이사

──── 〈고요한소리〉는

◦ 붓다의 불교, 붓다 당신의 불교를 발굴, 궁구, 실천, 선양하는 것을
   목적으로 설립되었습니다.

◦ 고요한소리 회주 활성스님의 법문을 '소리' 문고로 엮어 발행하고
   있습니다.

◦ 1987년 창립 이래 스리랑카의 불자출판협회BPS에서 간행한 훌륭
   한 불서 및 논문들을 국내에 번역 소개하고 있습니다.

◦ 이 작은 책자는 근본불교를 중심으로 불교철학·심리학·수행법 등
   실생활과 연관된 다양한 분야의 문제를 다루는 연간물連刊物입니
   다. 이 책들은 실천불교의 진수로서, 불법을 가깝게 하려는 분이나
   좀 더깊이 수행해보고자 하는 분에게 많은 도움이 될 것입니다.

◦ 이 책의 출판 비용은 뜻을 같이하는 회원들이 보내주시는 회비로
   충당되며, 판매 비용은 전액 빠알리 경전의 역경과 그 준비 사업을
   위한 기금으로 적립됩니다. 출판 비용과 기금 조성에 도움주신 회
   원님들께 감사드리며 〈고요한소리〉 모임에 새로이 동참하실 회원을
   기다리고 있습니다.

◦ 〈고요한소리〉 책은 고요한소리 유튜브(https://www.youtube.com/
   c/고요한소리)와 리디북스RIDIBOOKS를 통해 들으실 수 있습니다.

◦ 〈고요한소리〉 회원으로 가입하시려면, 이름, 전화번호, 우편물 받을
   주소, e-mail 주소를 〈고요한소리〉 서울 사무실에 알려주십시오.
   (전화: 02-739-6328, 02-725-3408)

◦ 회원에게는 〈고요한소리〉에서 출간하는 도서를 보내드리고, 법회나
  모임·행사 등 활동 소식을 전해드립니다.

◦ 회비, 후원금, 책값 등을 보내실 계좌는 아래와 같습니다.

국민은행	006-01-0689-346
우리은행	004-007718-01-001
농협	032-01-175056
우체국	010579-01-002831
예금주	**(사)고요한소리**

━━━ 마음을 맑게 하는 〈고요한소리〉 도서

금구의 말씀 시리즈

소리 시리즈

법륜 시리즈

보리수잎 시리즈

붓다의 고귀한 길 따라 시리즈

단행본

소리 · 넷

지금여기 챙기기

초판 1쇄 발행 2016년 5월 10일
초판 5쇄 발행 2021년 11월 10일

말한이   활성
엮은이   김용호
펴낸이   하주락·변영섭
펴낸곳   (사)고요한소리
제작   도서출판 씨아이알 02-2275-8603

등록번호 제1-879호 1989. 2. 18.
주소   서울시 종로구 인사동길 47-5 (우 03145)
연락처   전화 02-739-6328 팩스 02-723-9804
          부산지부 051-513-6650 대구지부 053-755-6035
          대전지부 042-488-1689
홈페이지 www.calmvoice.org
이메일   calmvs@hanmail.net
ISBN   978-89-85186-83-4 02220

          값 1,000원